A. BOURGOIN

DU CUIVRE

Comme poison dans les Vins

ANTI-KYPROS OU ANTI-CUIVRE

PRIX : 0,75 Centimes.

PREMIÈRE ÉDITION

SAUMUR
IMPRIMERIE PAUL GODET
Place du Marché-Noir

1890

A. BOURGOIN.

DU CUIVRE

Comme poison dans les Vins

ANTI-KYPROS OU ANTI-CUIVRE

PRIX : 0,75 Centimes.

SAUMUR
IMPRIMERIE PAUL GODET
Place du Marché-Noir
—
1890

A Monsieur Charles CARICHOU,
*rédacteur en chef de l'*Idée-Moderne.

Il y a théoriquement et pratiquement ici-bas dans ce pauvre monde deux questions bien intéressantes à traiter, c'est d'abord, celle des femmes, et ensuite celle des vins, marchant d'ailleurs d'un parfait accord, en maintes occasions assez souvent ensemble. Si j'avais pu choisir, j'aurais certainement préféré la première, mais le sujet qui nous occupe, la profession de mon père, celle à laquelle il m'a voué, mes études, mes relations, m'en ont toujours éloigné et attaché à la seconde, qui n'est du reste denuée ni d'attraits, ni d'intérêts, et pour vous en convaincre, si vous ne l'êtes déjà, vous n'avez qu'à sortir un peu, et en quelque endroit de notre pays que vous portiez vos pas, s'il y croît quelques pieds de vigne, on vous vantera d'abord avec enthousiasme les produits de la contrée; on vous citera religieusement un cru renommé, et si vous y mettez de la bonne volonté, on vous fera accomplir un pieux pélerinage vers un penchant de colline ou vous verrez un immense enclos dominé par les ruines d'un couvent outragées par le temps, mais respectée des révolutions, et la légende qu'on vous racontera d'un bout à l'autre vous prouvera sans réfutations que, quelque grand pécheur que vous puissiez-être, la culture de la vigne vous absous, vous donne droit à la reconnaissance publique et, par conséquent, droit de passage à la postérité, et même canonisation si vous l'enviez. Ainsi, dans la Gironde, c'est celle de Saint-Emilion; au Clos-Vougeot, les Bernardins de Citeaux; au pays de Chambertin, l'abbaye de Bèze; en Champagne, Don Pérignon; à l'Hermitage, le chevalier pénitent Henri-Gaspard de Stereinsberg; à Saumur, le clos Saint-Vincent, planté et cultivé de temps immémorial par les moines de l'abbaye qui le domine; d'autres fois ces enclos bénis sont la dépendance de châteaux dont les propriétaires seraient bien embarrassés s'ils devaient choisir entre la noblesse de leur titre et la noblesse de leur vins. Ce sont : à Musigny, M. le marquis de Vogüe; aux Pyrénées, le marquis de Franclieu; à l'Hermifage, le marquis de Larnaye; au Château-Latour, la famille de Ségur; à celui d'Yquem, le marquis de Lur-Saluces; à Margaux, M. le vicomte Aguado; à Laffite, M. le baron de Rostchild; à Beychevelle, Armand Heine; à Ussam, Gustave Roy; à Haut-Brion, M. Larrieu; à Ducru-Beaucaillou, M. Jonhston, et à Peyraguey, M. Bernard. Si, plus austère, vous ouvrez des livres de science, vous trouverez des noms célèbres dont les titulaires auraient cru leur gloire incomplète, s'ils n'avaient consacré une partie ce leur existence et une partie de leurs ouvrages à la connaissance des vins de leurs qualités et de leurs maladies. De Vergnette-Lamothe, Braconnot, Fauré, Frésenius, Maumené, Puvis, Bourchardat, Boussingault, Gayon, Pasteur, out tracé la voie qui a été ardemment continue et largement agrandie par la brillante pleïade des contemporains, parmi lesquels je citerai au hasard M. le professeur Foëx, Pierre Vialla, Laliman, Millardet, Grasset, Couderc d'Aubennas, Ganzin, Ferdinand Girard de Gardanne, Champin, Gaston Bazile, M.-V. Malégue, de Pezilla la Rivière, Félix Sahut, Docteur Cazalis, Joseph Daurel de la Gironde, Paul Guillemot, de Dijon, et M. Bourgeois, de Beaune, tous érudits courageux, travaillant sans relâche, non seulement tiennent vaillamment tête aux fléaux qui nous déciment. mais encore les forcent à reculer, et un député que je tiens à nommer, Octave Gazauvieilh, heureux de les seconder dans leur travaux scientifiques revendique encore l'honneur de porter à la tribune de la Chambre les fruits de leur longues recherches. Vous voyez, comme je l'ai dit au début, que de tous les temps la vigne et ses produits ont toujours captivé et souvent illustré l'essence des êtres que la Providence avait créé sur cette terre, les plus finement aristocratiques, les plus ardamment mystiques, les plus immensément riches, et les plus profondément savant. Les documents publiés par l'Académie des sciences de Bruxelle sur votre découverte, vos qualités de viticulteur et surtout d'hygiéniste, vous donnent droit de marcher de front avec cette glorieuse phalange, et en vous comptant dans leurs rangs, je crois recevoir d'avance leurs assentiments unanimes, et, en vous offrant ce livre, me fait l'écho de leurs bienveillantes sympathies.

BOURGOIN,

Ancien professeur à l'Ecole d'Agriculture de la Dordogne.

DU CUIVRE
COMME POISON DANS LES VINS

ANTI-KYPROS ou ANTI-CUIVRE

Maladies cryptogamiques de la Vigne

A part l'oïdium, dont les ravages et les traitements sont connus, la vigne a été depuis quelque temps assaillie par une série de maladies cryptogamiques qui ont porté plus de préjudice à la viticulture française que le phylloxéra lui-même ; leur éclosion et leur développement, favorisés par des variations atmosphériques et l'humidité persistante de ces dernières années, affectent une marche capricieuse tantôt lente, tantôt rapide et attaquent principalement — le Mildew (*Peronospera viticola*) — la feuille de l'arbuste, épuise la sève, empêche la respiration et finalement la fait dessécher et mourir ; le Black Rot, Rot noir

(*Conothyrium diplodiella*), Brown Rot ou Rot brun, Grey Rot, Rot gris, Wite Rot, Rot blanc, Rot livide, diverses variétés de la même famille que nous trouvons admirablement décrites dans les remarquables ouvrages sur la vigne de M. Joseph Daurel, le sympathique et érudit président de la Société d'horticulture de la Gironde, attaquent les pédoncules et pédicelles de la grappe, voire même les jeunes grains de raisins et les anéantissent complétement.

Traitements préventifs et curatifs de ces différentes maladies

Ces terribles et dangereux champignons sont presque totalement détruits par la présence des sels de cuivre qui agissent en cette occasion de la même façon que sur les blés avant la semence, c'est-à dire comme anti-parasitaires. En effet, l'expérience a prouvé qu'une solution de sulfate de cuivre appliquée sur les parties superficielles des végétaux durcit et fortifie les fibres ligneuses, stimule leur vitalité et préserve les parties traitées non-seulement des attaques des insectes, mais encore de toutes végétations cryptogamiques.

Préparations diverses

La solution de sulfate de cuivre est mêlée avec un alcali quelconque, potasse caustique, ammoniaque, chaux vive hydratée qui agissent d'abord comme engrais, puis comme tempérants momentanés de la causticité de ce sel qui, à hautes doses, brûlerait parfois les tiges trop frêles et trop tendres, ensuite la facilité avec laquelle l'acide sulfurique s'unit avec la potasse, la chaux ou l'ammoniaque isole le métal et le rend plus apte à produire son effet ; car ce n'est, par le fait, que le cuivre qui agit seul, puisque tous les autres sulfates métalliques ont dû être abandonné après de nombreux et infructueux essais. — L'hydrate de chaux qui rentre, de préférence à la potasse et à l'ammoniaque, dans la préparation de la Bouillie bordelaise, joue dans cette application trois rôles très importants et très distincts ; le premier comme antiseptique, le second comme modérant la causticité, et le troisième comme fixatif. Tout le monde connait le peu de stabilité des divers composés de ce sel et combien il tend à revenir promptement à son état primitif, c'est-à-dire en carbonate de chaux. A l'état d'hydrate, il adhère facilement aux feuilles sous une très mince épaisseur, absorbe rapidement l'acide carbonique de l'air, se solidifie, retient le cuivre emprisonné dans ses molécules et ne le laisse échapper qu'au fur et à mesure que les pluies et les fortes rosées viennent le dissoudre.

Quantités employées et mode de traitement.

Cette composition se dose généralement par quantité nécessaire pour la préparation d'un hectolitre et varie dans ses proportions autant de fois comme elle est employée par des personnes différentes. Elle peut osciller entre 3 kil. de sulfate et 3 kil. de chaux par 100 litres d'eau, quantité minima, jusqu'à 12 kilog. de sulfate et 15 kil. de chaux pour la même quantité d'eau, la formule maxima ; mais en général un hectare de vigne, pouvant donner de 16 à 22 hectolitres de vin, exigera pour ses trois traitements une moyenne de 50 à 60 kil. de sulfate de cuivre. L'application de ce topique se fait à l'aide d'appareils spéciaux, dénommés pulvérisateurs; le comble de la perfection pour les fabricants est d'arriver par un mécanisme très simple à économiser le liquide, diminuer la fatigue du vigneron et diviser la préparation en parcelles si tenus, que ce soit bien plutôt un brouillard qu'une pluie. Afin que l'opération soit bien faite, il faut qu'à chaque traitement, en prévision des maladies précédemment citées, les feuilles et les jeunes grappes soient uniformément recouvertes par les gouttelettes vaporeuses du liquide, afin de mettre toutes les parties de la plante à l'abri de végétations infectieuses.

Présence du cuivre dans les vins.

Depuis le mois de mai, époque du premier traitement, jusqu'au moment des vendanges, les grains de raisins restent en contact avec la composition cuprique, et gardent non seulement celle qu'ils ont reçue, mais encore celle qui tombe chaque jour des parties supérieures de la plante, l'emprisonnent dans l'intérieur de la rafle au fur et à mesure de leur grossissement, et plus tard le rendent intact à la masse où ils rentrent brisés et désagrégés par le foulage. Par ces différentes raisons à la portée de l'observation de chacun, on comprend que la quantité de cuivre apportée dans les cuves et les pressoirs est plus considérable qu'on ne l'aurait supposé tout d'abord, et qu'on ne le suppose ordinairement; car le cuivre tombant, dissous du carbonate de chaux par le lavage des pluies, et de nombreuses expériences ont prouvé qu'après un séjour plus ou moins long sur les feuilles, le composé cupro-calcique ne contient plus qu'un dixième du sel métallique qu'il avait au moment de son application. Ce cuivre, retenu, comme je l'ai dit, dans l'intérieur de la râfle par les grains de raisins pressés les uns contre les autres qui l'emprisonnent et le cachent à l'observation superficielle, mais avec un œil exercé, après un court examen, on voit tout d'abord, outre les taches de Bouillie bordelaise qui les souillent, les grains n'ont plus ce velouté qui les caractérisent, et présentent au contraire un reflet brillant, métallique, qui n'est autre chose qu'un oxide de cuivre laissé en dépôt par l'évaporation des eaux. Ce composé entre dans la masse au moment du foulage, se dissout, se combine et s'équilibre dans ses proportions comme le font du reste toutes les autres substances du raisin.

Sous quelle forme le cuivre se trouve-t-il ?

Au moment où commence la fermentation, il se trouve naturellement dans la masse à l'état d'hydrate de sous-oxide, et dans de telles proportions, qu'à l'analyse de certains moûts, on a trouvé jusqu'à trois milligrammes par litre de ce sel. Ses combinaisons varient à l'infini par rapport à son affinité pour les acides organiques ; car il se combine directement avec l'acide carbonique, les acides tartriques, maliques et acétiques; c'est surtout combiné avec ce dernier qu'il devient le plus dangereux.

Beaucoup de théoriciens et pas mal

de praticiens prétendent qu'il se précipite en partie après les premiers soutirages et qu'on le retrouve presque en totalité dans les marcs et grosses lies.

Il y a certainement du vrai; les marcs en gardent une certaine quantité, juste la proportion relative à leur volume par rapport à l'équilibre de la masse et les grosses lies en entraînent à l'état de composé insoluble que la quantité exacte qui a pu se combiner, quantité bien minime et fort discutable; car cette question, sujette à bien des controverses et jusqu'à présent fort mal étudiée, est très difficile à résoudre, vu les milliers de combinaisons qui se forment et la mobilité des mêmes transformations dans le liquide sur lequel on agit.

Un seul exemple suffira pour le prouver.

Le platrage des vins avait trouvé ses apologistes et la théorie avait clairement démontré qu'après le premier soutirage il ne devait pas rester le plus petit atôme de sulfate de chaux, vu, d'abord son peu de solubilité, son dédoublement ensuite, l'acide sulfurique se combine avec les matières azotées, empêche les fermentations lentes et se précipite immédiatement ; et la chaux libre absorbant de l'acide carbonique clarifiait le vin en descendant rapidement au fond des tonneaux à l'état de carbonate de chaux insoluble, si bien que d'après cet exposé il ne restait plus rien.

Ces théories admirables de simplicité et de bon sens donnèrent la plus grande sécurité aux consommateurs ; ce qui n'empêche pas qu'après de nombreux accident survenu par l'intoxication lente des principes calcaires, la science est intervenue et l'analyse a découvert de telles qnantités de sulfate de chaux dans les vins, qu'un décret a dû en restreindre et en formuler le mode d'emploi. On voit combien on est sujet à commettre de grossières erreurs, lorsqu'on veut préciser les lois qui régissent les combinaisons des minéraux ou de leur composés avec la série des transformations continuelles des matières organiques. Il serait bien plus prudent pour les savants, lorsqu'ils ont à traiter des questions aussi sérieuses et aussi dangereuses que celles de l'emploi des agents toxiques, de conclure toujours affirmativement, afin de tenir le publie en garde contre son ignorance et ses propres erreurs, plutôt que de conclure négativement et exposer ainsi d'un cœur léger un nombre considérable de malheureux aux plus atroces souffrances et à la mort.

Désastreuse influence exercée par les sels de cuivre sur la qualité des vins.

Outre ses principes vénéneux, le cuivre combiné avec le vin exerce sur la qualité de ce dernier de bien déplorables effets. On connaît assez le goût détestable de tous ses composés; à la première dégustation, celui qui a un peu d'habitude sur les produits des grands crus retrouve bien vite la pointe de la saveur horrible de ce métal. Outre ce goût qui, à lui seul, compromettrait déjà la valeur et le prix des vins classés, il est un autre point très important, fait reconnu consacré par l'expérience et que personne ne doit ignorer, c'est que les vins contenant des sels de cuivre ne viellissent pas. Et voici pourquoi. Les qualités éminentes et indiscutables acquises par les vins pendant leur long séjour dans les celliers, est non seulement le résultat du repos, mais plus encore celui d'une fermentation lente ; ce travail intime s'opère dans leur masse par la présence des ferments qui d'un côté achèvent de transformer en alcool le restant de sucre que contenait la liqueur au moment du soutirage, tandis que la stabilité ne favorise que l'élimination du tannin, des sels minéraux, des gommes et mucilages qui se déposent insensiblement au fond du tonneau ; la masse s'équilibre progressivement, les éthers et huiles essentielles se dégagent de plus en plus au fur et à mesure que le précieux liquide atteint son plus haut degré de perfection.

En présence des sels de cuivre, de ceux d'arsenic, de l'acide salicylique et sulfureux, etc., que ce passe-t-il ? Tous ces composés ont des propriétés antiseptiques reconnus très puissantes ; mêlés aux masses en fermentation, ils arrêtent immédiatement tout travail en détruisant les ferments qui sont les seuls agents pouvant opérer ces heureuses transformations. Le vin ainsi neutralisé dans toutes ses fonctions reste inerte et au bout d'un temps plus ou moins long, lorsqu'on veut procéder à la mise en bouteille, on est tout surpris qu'il ait encore cette nuance rouge vif qui caractérise les vins nouveaux, et outre ce goût détestable qu'on ne peut définir, il a de la verdeur, du mordant, comme on dit. Devant ce résultat désastreux, le propriétaire est consterné et l'acheteur peu satisfait pour les grands crus surtout où tant de sommes énormes dorment silencieusement sous les celliers pour en ressortir un jour doublées de leurs capitaux et de leurs revenus. On comprend au moment de la vente quel triste réveil, et quelles pertes incalculables sont occasionnées par la présence de ce nouvel agent dont on ne soupçonnait pas la néfaste influence.

Du Cuivre comme poison.

Encore moins que l'acide cyannhydrique qui, à doses infimes est un calmant, la strychnine un stimulant, et l'arsenic un fortifiant, le cuivre en si petite quantité qu'il soit, n'est pas considéré comme médicament, mais encore à doses égales et souvent répétées, tant aussi bien que ces redoutables composés il amène la mort, et d'après la statistique judiciaire ce métal et ses dérivés ont le triste honneur de tenir le troisième rang parmi les empoisonnements criminels, et de 1851 à 1868, d'aprés les mêmes statistiques, il a été jugé en France plus de cent cas de ce genre, et pour couper court à toute polémique, M. Bergeron, le célèbre chimiste bien connu, dans son mémoire couronné par l'Institut, écrit à l'Académie des sciences : « *Mais si quelqu'un vient à prétendre que les sels de cuivre, vert de gris ou autres ne sont pas des poisons, que personne ne s'est jamais empoisonné, que personne n'a jamais été empoisonné par le vert de gris, appuyé par l'expérience, sur l'observation des faits, sur l'opinion unanime de tous ceux qui en France ou à l'étranger, se sont occupés de médecine légale, préoccupé des intérêts de la justice et de la santé publique, ne voulant point que l'on se croit désormais autorisé à laisser le vert de gris se mêler aux aliments, nous opposons à une affirmation que nous croyons dangereuse le démenti le plus absolu.* Et les docteurs Paul et Gerard écrivent dans les annales de médecine : « L'expérience de tous les jours montre d'une manière irréfutable que les sels de cuivre sont réellement des poisons ; n'arrive-t il pas en effet trop souvent que des personnes ayant usé d'aliments qui avaient été conservé dans des casseroles de cuivre, présentent tous les signes d'une véritable intoxication qui dans certaines circonstances ou la quantité de cuivre ingéré avait dépassé une certaine limite, a pu entraîner la mort. C'est généralement sous la forme d'acétate de cuivre ou de vert de-gris que le cuivre est absorbé, mélangé aux aliments ; c'est aussi à cet état qu'il est le plus dangereux ; il nous a paru intéressant d'exposer les symptômes les plus remarquables qui s'observent après l'ingestion de sels de cuivre. L'ingestion des sels de cuivre laisse dans la bouche une saveur métallique désagréable, au bout d'une demi-heure surviennent des vomissements violents, accompagnés de coliques atroces, d'un sentiment général d'angoisse et d'oppression. Les matières rendues en très grande abondance, et au prix d'affreuses douleurs sont de couleur verte. Le malade est tourmenté par une céphalalgie violente et une constriction pénible de la gorge ; de temps à autre tout son corps est agité de secousses convulsives, à la suite desquelles il tombe dans un état de mort apparente ; les pulsations des pouls sont petites, irrégulières, la face est décomposée. L'abolition de la sécrétion urinaire constitue un symptôme constant au moment de la mort qui arrive à la suite des mouvements convulsifs et tétaniques signalés plus haut. Tels sont en quelques traits les caractères de l'intoxication par le cuivre. La prudence élémentaire exige donc de considérer ces sels comme des redoutables poisons. En présence d'une personne empoisonnée par le cuivre, il convient d'administrer immédiatement une grande quantité d'eau albumineuse qui forme avec les sels du métal un précipité insoluble ; la magnésie peut être utile également. Le fer réduit par l'hydrogène qu'on donnera en quantité aussi grande que de sel de cuivre absorbé, voilà le véritable contre-poison auquel il convient d'avoir recours en pareil cas. A défaut de fer réduit par l'hydrogène, l'hydrate de persulfure de fer dissous dans cent grammes d'eau, sera également prescrit avec avantage. Telles sont les ressources que l'art peut opposer à l'empoisonnement par le cuivre, un des agents vénéneux les plus redoutables. » Voilà le langage de la science, de la vraie, de celle qui n'a qu'une mission, soulager l'humanité, et qu'un but, l'éclairer, sans préambule, sans détours, sans hypothèse, va droit au danger d'une main, pose les jalons afin de l'éviter et de l'autre met des armes défensives à notre portée afin de le combattre.

Malheureusement il n'en est pas toujours ainsi. Dans une revue humoristique, un docteur, dont le nom m'échappe, nous dit ceci : « — Un jeune savant de mes connaissances, assoiffé de laurier ou pressé d'argent peut-être, ouït dire qu'un des plus grands industriels de notre capitale, voulait faire entrer le sulfate de cuivre dans des préparations alimentaires, procédé qui lui assurerait en peu de temps une fortune considérable, mais qu'il hésitait, gêné par des scrupules de conscience, vu qu'il n'était pas absolument sûr que le cuivre ne fût pas un poison ; notre jeune homme en demanda pas si long, il se mit fiévreusement à l'ouvrage, et pendant des mois écrivit, écrivit, et de déduction en déduction, finit par conclure que le cuivre était non seulement inoffensif, mais encore prouvait que dans notre consommation journalière était un agent indispensable à notre santé, et, son travail fini, un beau matin, tout rayonnant, son manuscrit sous le bras, alla sonner à la porte de l'insdustriel ; celui-ci le reçut très bien, intrigué même, écouta le motif de sa visite avec beaucoup d'amabilité, et finit par l'inviter à déjeuner. Après le café, il alluma un cigare, tourna sa chaise, plaça ses jambes sous un chaud rayon de soleil, et dit à son convive : Eh bien ! lisez. L'autre tout palpitant, les mains tremblantes d'émotion , les pommettes rouges, la voix échauffée , lut pendant des heures entières. Quand il eut terminé, c'est bien, répondit simplement l'industriel, et il sonna son domestique : — Apportez-moi, dit-il, du sulfate de cuivre, un verre et de l'eau. Une minute après les trois objets demandés furent déposés sur la table. L'industriel prit quelques cristaux de sulfate, les fit dissoudre lentement , puis toujours flegmatique comme doit l'être tout bon industriel, alla dans son pardessus prendre son revolver, le tira de sa gaîne, l'arma consciencieusement, puis, poussant le verre devant le savant, le regarda fixement, en levant son arme lui, dit d'une voix froide et résolue : — Qu'aimez-vous mieux, monsieur, boire ce qui est contenu dans ce verre, ou que je vous brûle la cervelle ? Le malheureux jeune homme, les yeux hagards, épouvanté, la bouche béante et écumeuse leva les bras et murmura : « Mais monsieur. » L'industriel de plus en plus déterminé répéta d'un ton sec et bref : « Allons décidez-vous. » Voyant que son interlocuteur ne répondait rien et qu'il était au contraire prêt à mourir de frayeur, il lui tourna le dos et toujours son revolver à la main s'en fut ouvrir la porte, en revenant, prit le manuscrit sur la table, le jeta dans la cheminée et lui désignant l'escalier : « Sortez, monsieur, dit-il, vous êtes un misérable. » Anéanti par la honte, le savant s'éclipsa lestement, heureux d'en être quitte à si bon marché et guéri à jamais de l'envie de renouveler l'expérience.

Après avoir passé en revue ces diverses opinions et ces arguments irréfutables, nous continuerons en disant : qu'à part l'intoxication - lente du cuivre absorbé chaque jour dans le vin qui peut amener dans l'organisme de dangereuses et mortels complications, les cas peuvent devenir foudroyant et la mort presque instantanée par l'absorption de vins contenant du cuivre et ayant un commencement de transformations acétiques. On sait que ce métal combiné avec cet acide devient toxique au suprême degré, et tous ceux qui liront ces lignes ce rappelleront dans le courant de leur existence avoir vu dans leur famille ou chez leurs voisins des accidents arrivés par l'imprudence des ménagères qui avaient, comme le disaient tout à l'heure les docteurs Paul et Gerard, laissé séjourner dans des vases ou ustensiles de cuisine en cuivre des aliments accommodés au vinaigre. Or, que sera-ce en comparaison de ces faits, lorque le vin contenant déjà des sels de ce métal, s'aigrira légèrement dans un fond de barrique ou une bouteille laissée débouchée. Les cas deviendront si nombreux, si fréquent, qu'on se ravisera, mais alors il sera trop tard, la plupart de ceux là souffriront déjà dans leur organisme des atteintes et des ravages du terrible composé.

Anti-Kipros ou Anti-Cuivre.

Ce nom bizarre a frappé mes regards et ce chapitre excite ma curiosité en ouvrant les annales de l'Académie des sciences de Bruxelles; en effet, sous cette rubrique on lit ceci :

« La présence du cuivre dans les vins qui peuvent porter de si graves préjudices à la valeur commerciale des produits des vignobles français, et qui, ces derniers temps, a tant préoccupé les hygiénistes et si fort épouvanté les consommateurs soucieux de leur santé, vient enfin de trouver un antidote puissant de ses effets, et un préservatif direct de ses dangers dans l'immense découverte dont nous allons entretenir nos lecteurs. M. Dominique Carichou, métallurgiste distingué, résidant à Saumur (Maine-et-Loire), dans une période de travaux de près de soixante ans sur les métaux, avait remarqué dans l'épuration de l'or et l'argent, l'afinité puissante des sels de cuivre pour certaines matières simples dans leur constitution et innofensives dans leur emploi ; il avait tiré parti pour son industrie des avantages de ce procédé que le hasard avait placé à sa portée, et, retiré des affaires, le secret serait tombé dans l'oubli, si cette question de cuivre dans les vins n'était venu à juste titre préoccuper les esprits. C'est alors que ce vénérable vieillard fit part à ses deux fils, MM. Charles et Louis Carichou, du résultat de ses longues et judicieuses observations ; ces messieurs comprirent immédiatement les services immences que pouvait rendre l'application de ce procédé au traitement des vins provenant de vignes sulfatées. Comme acquit de conscience, ils firent immédiatement de nombreuses et méticuleuses expériences dont les analyses confiées à des chimistes compétents et autorisés donnèrent à l'unanimité des résultats hautement concluant, présenté à l'exposition de Bordeaux, expérimenté en plein pays de production ; l'*Anti-Kypros* a obtenu une médaille d'argent, notre Académie des sciences vient de couronner son mérite d'une médaille de première classe, et les expositions d'Arles et de Marseille ne voulant pas rester en arrière viennent de lui décerner deux grandes médailles d'or, grâce aux soins de M. Charles Carichou, publiciste distingué, dont la valeur lui a fait conféré la décoration de deux ordres étrangers, et ses qualités industrielles a nombre d'expositions de hautes et brillantes récompenses. La fabrication de l'*Anti-Kypros* offre toutes les garanties comme innocuité et soins de fabrication que puisse exiger le consommateur le plus délicat, le plus soupçonneux et le plus raffiné. Les soins minutieux qui sont apportés a sa manipulation, et sa composition dans laquelle ne rentrent que des substances complétement inoffensives, lui laissent les propriétés d'enlever d'une manière radicale et absolue toutes traces de sels de cuivre dissous et tenus en suspension dans le vin provenant de vignes sulfatées. De plus, il clarifie et assainit ce dernier sans laisser aucune trace après le traitement, n'altère ni ne modifie en quoi que ce soit la droiture du goût et la finesse du bouquet.

L'affinité des sels de cuivre pour ce produit est si puissante que la dose prescrite pour une barrique peut impunément enlever le maximum des différents composés de ce métal, quand même la récolte aurait subi quatre traitements aux doses énormes de 12 kilos de sulfate de cuivre.

Les doses sont faites pour une barrique que l'acheteur peut diviser lui-même à son gré et traiter par hecto ou quart.

La boîte contient deux matières distinctes : la première (*poudre et rifles injectés*) est versée par la bonde à l'aide d'un entonnoir ou de tout autre appareil adopté par l'usage, et la seconde (*paquet n° 2*) est soigneusement mise de côté pour être versée le cinquième jour. Aussitôt après avoir introduit cette première substance, on bat le vin à l'aide d'un bâton rigoureusement propre et fendu en quatre par l'un des bouts, puis on bonde légèrement. Pendant les quatre jours suivants, matin et soir, on fouette de nouveau le liquide par le même procédé, environ pendant la durée d'une minute chaque fois. Le cinquième jour, on verse le contenu du paquet n° 2, on fouette vigoureusement une dernière fois et on laisse reposer pendant trois jours après lesquels on soutire absolument de la même façon que si le vin avait été traité par un collage.

Bien entendu que la matière ne peut servir qu'une fois.

Il serait bon de tenir compte, pour le traitement de l'*Anti-Kypros*, des mêmes conditions atmosphériques dont on tient compte pour le soutirage, non point que les bouleversements de l'air aient une influence quelconque sur notre produit, mais une chaleur trop forte ou un temps d'orage ayant une action directe sur le vin, la précipitation des sels cupriques et la clarification du liquide pourraient être plus lentes et ne pas s'effectuer dans des conditions aussi parfaites qu'à une température plus basse et plus calme.

Voilà un produit dont on ne soupçonnait pas l'existence, et qui fait non seulement le plus grand honneur à ceux qui l'on découvert, mais encore réhausse d'un vif éclat, les sociétés savantes qui le patronnent et les concours qui le récompensent ; car il y a certes beaucoup plus de mérite, et surtout de satisfaction intérieure, à seconder de tous ses moyens les efforts de ceux qui veulent améliorer en quoi que ce soit le bien-être de l'humanité, que de s'administrer a soi tout seul le monopole de la science infuse en réfutant tout ce qui se fait, et dans de longs et interminables discours ne rien apprendre à ceux qui écoutent, mais encore ce qui est pire fausser leur jugement par des sophismes et des utopies.

Epilogue de l'auteur.

Quant à nous, les amoureux de la vie, les amants de la grande nature, qui nous trouvons très bien sur la terre, et qui n'avons de science que juste ce qu'il faut pour arriver à jouir le plus longtemps et le plus complétement possible des biens qu'elle nous donne, crainte de rencontrer des déceptions dans ceux qu'on nous a promis ailleurs, n'éprouvant aucun agrément et ne voyant aucune utilité à absorber des poisons, ne voulant pas non plus le conseiller aux autres avant de les avoir expérimenté sur nous mêmes, et n'ayant nullement l'ambition de nous tailler une renommée de savant en faisant un volume de six cents pages pour arriver à prouver que pour vivre très vieux il faut s'empoisonner très jeune, nous continuerons à nous tenir sur nos gardes, à éloigner le cuivre ou ses composés de nos aliments et de nos boissons, le considérant comme un dangereux condiment, et s'il y rentre malgré nous, comme il fait actuellement dans nos vins, nous userons de tous les moyens à notre portée quels qu'ils soient, afin de le chasser et nous en débarrasser complétement.

BOURGOIN.

Saumur. — Imp. P. Godet. 90-1792

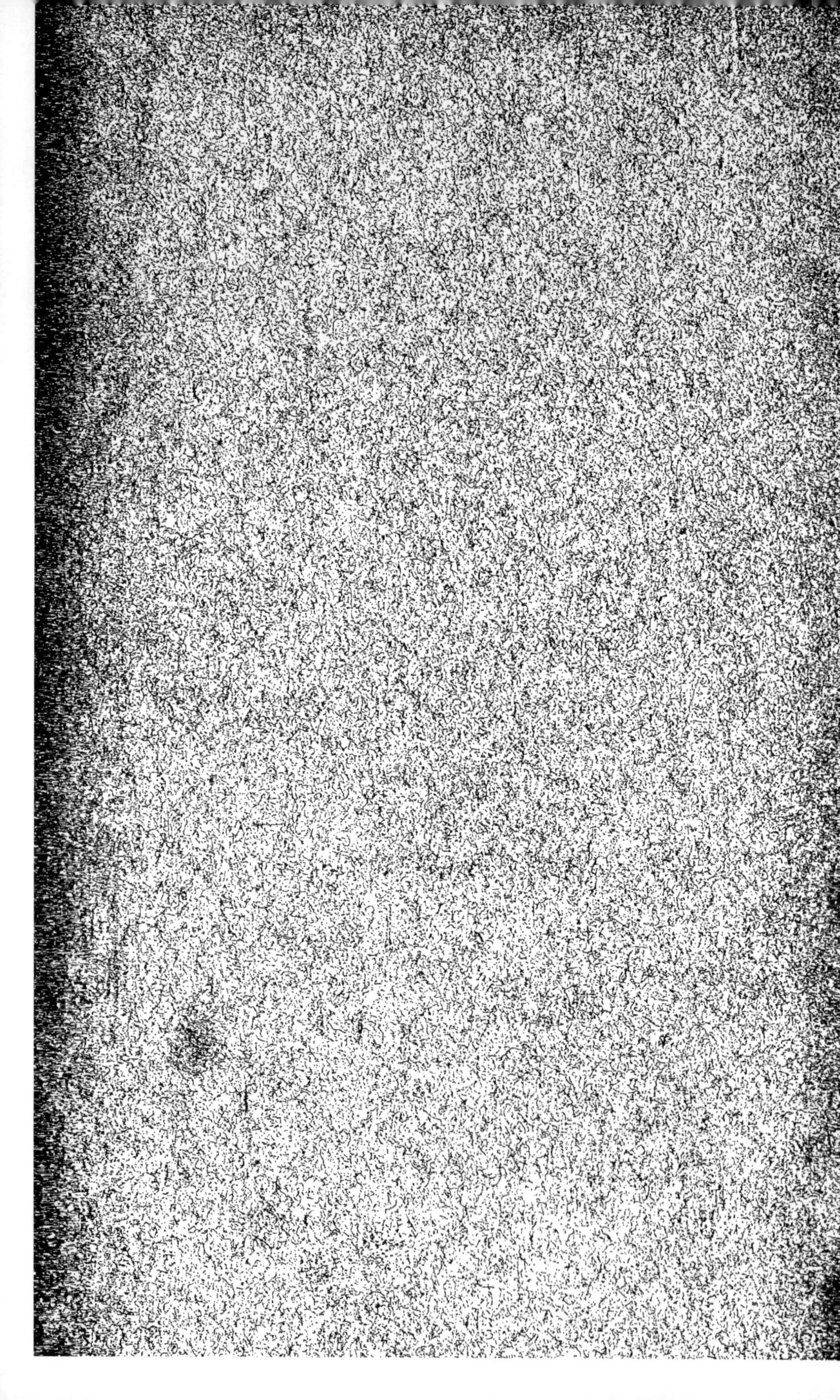

www.ingramcontent.com/pod-product-compliance
Ingram Content Group UK Ltd.
Pitfield, Milton Keynes, MK11 3LW, UK
UKHW020218200726
13856UKWH00004B/1482

9 782011 908308